公式ガイド&レシピ

きのう何食べた？

シロさんの簡単レシピ 3

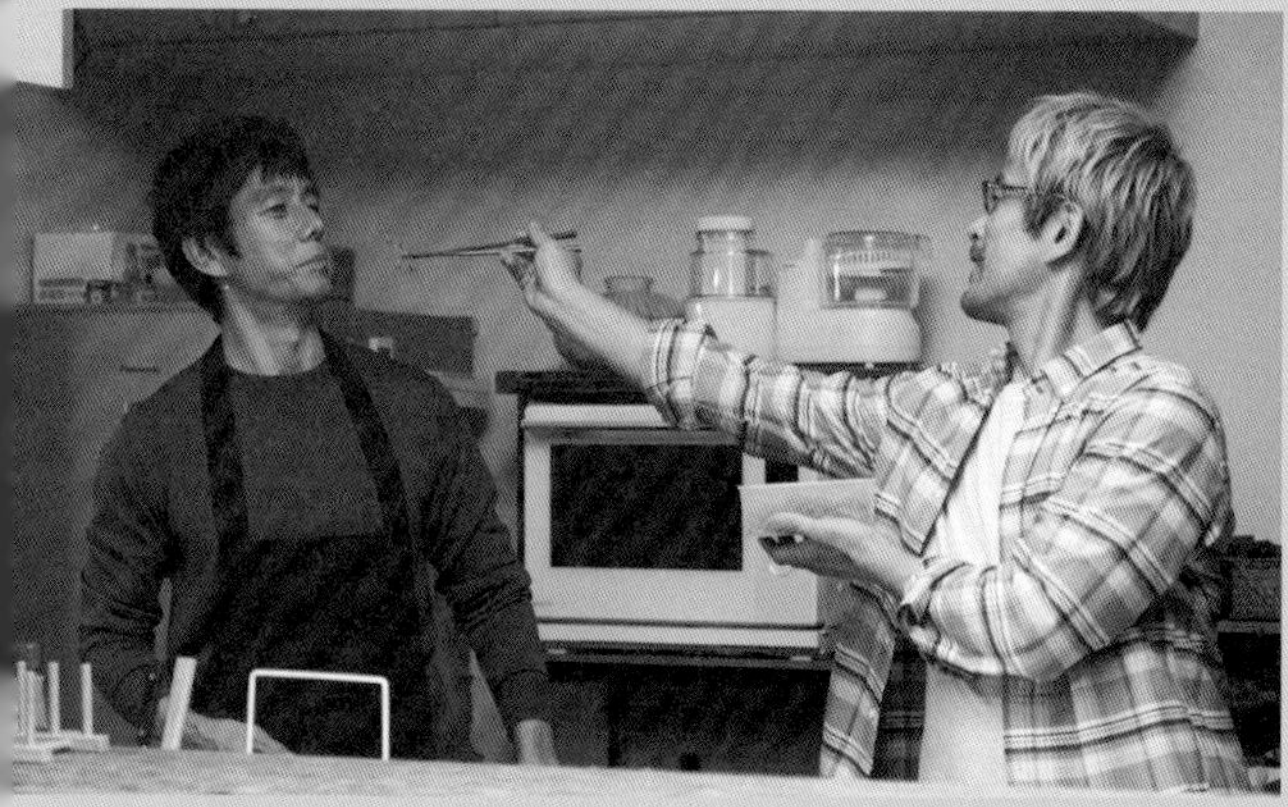

contents

きのう何食べた? Story Guide

50歳を間近に控えた弁護士、筧史朗。
仕事をできるだけ定時で上がり、
スーパーで食材の買い出しをして帰宅。
そして一緒に暮らす美容師、矢吹賢二との
2人分の夕食の支度をするというのが
日々のルーティン。
彼らの暮らしは穏やかに過ぎていく。

だが、そんな日常に思わぬ変化が！
史朗お気に入りのスーパーが閉店、
今までより少し高いスーパーで
買い物をせざるを得ず、いよいよ
食費2万5000円では厳しくなる。
また、賢二の体重が
人生最高値を超えるという事態も発生、
史朗は苦渋の決断を迫られるのだった。

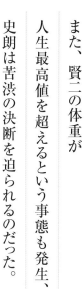

きのう何食べた？
Story Guide

ときどき小さな波風が立つこともあるけれど
史朗と賢二の関係はおおむね順調。
小日向家での食事に誘われた２人は
「盛装で来てね」という航の言葉を受け、
日頃はなかなか着ける機会のない
お揃いの指輪も身に着けて、準備万端！
いざ、小日向家に向かうと――？

POLICE
HAPPY

きのう何食べた？
Story Guide

2人を待っていたのは、
アメリカンポリスに扮した小日向と
子猫ならぬオオカミの扮装をした航。
そう、今夜はハロウィーン！
小日向が腕を振るって作ったメニューは
史朗の料理とはまた異なる趣。
詳しい作り方などを聞きつつ、
4人での楽しい食事とおしゃべりが弾む。

気を遣うことなく、
お互いパートナー連れで会える久々の機会。
航が席を外しているタイミングで
小日向から航とのなれそめ、
そして航の家庭環境を改めて聞かされ、
思わずしんみりしそうになる史朗と賢二。
そんな空気を、航本人がにぎやかに打ち破る。

一度顔合わせをしたものの、
史朗の両親とは距離がある賢二。
一抹の寂しさを感じていると、
史朗が、両親から賢二へのお土産を
携えて帰宅した。
「これからも息子をよろしく」の
思いと、以前の非礼の詫びも含めた
贈り物に、賢二の表情は和らぐ。
また、史朗の母から驚きの提案が⁉

遠慮のない物言いをするものの、発言にウソがない
賢二の後輩、田渕はそのキャラで職場にすっかりなじんだ。
そんな彼が最近付き合っている千波は、
料理の手際はいいものの、肝心の味が微妙においしくない。
それはそれでいいと受け入れていた田渕だったが
あるとき何気なく取った行動が、千波を刺激してしまう。

ちょっとした家事でのアクシデントから
苦い過去を思い返す史朗。
かつて史朗が付き合っていた伸彦は、
とても自分勝手な俺様タイプだった。
彼のワガママな言動にどれだけ腹が立っても、
ドンピシャで好みの彼には強く出ることができず、
結局、史朗はいつも我慢するばかり。

きのう何食べた？
Story Guide

きのう何食べた？
Story Guide

2人で食卓を囲んだり、
ときには共に台所に立って
料理をしたりと、
ごはんが縮める心の距離。
たとえ落ち込むことがあっても、
温かい食事を食べて
「うまいな」「おいしいね」
と言い合えば、
少しずつ元気になれる。
今日も一緒に「いただきます」！

Character guide

物語を紡ぐ登場人物 キャラクターガイド

歳を重ね、誰もが抱える大人の悩みに向き合い、そして、〝食費の値上げ〟という最大の敵と戦いながら日常をおくる史朗と賢二。2人を取り巻く人物たちもまた、それぞれに変化を見せている。ドラマ初登場となるキャラクターたちにも注目したい。

定時に上がって買い出しに行き夕食の献立を考えるひとときと恋人の「おいしい」が何よりの喜び

筧 史朗
Kakei Shiro

西島秀俊

上町弁護士事務所に勤める弁護士。49歳。受けた仕事はきちんとこなし、事務所の繁忙期は残業をすることもあるが、基本的には定時に上がる。その理由は、帰宅途中に買い出しをし、2人分の夕食の支度をしたいから。7年前から恋人の矢吹賢二と同棲しており、料理は主に史朗が担当。冷蔵庫にあるものとお値打ち食材を組み合わせて料理を作ることで、心の安らぎと充実を得ている。老後に備え節約に励んでいて、食費を月2万5000円に抑えるべく奮闘してきたが、押し寄せる物価高の波に勝てず、遂に3万円に値上げした。同性の恋人がいることは、あまり明かしていない。

現実的な性格でやや情緒には欠けるが、賢二の体調や好みに合わせて献立を考えるなど、さりげない優しさの持ち主。繊細な面があり、賢二の細やかな気遣いに心を救われていることが多い。油ものは控えたり、定期的に体を動かしたりと体型維持のための努力は欠かさず、そのおかげで実年齢より若く見える爽やかなルックスをキープ。長く実務以上に責任を負うことをかわしてきたが、事務所の大先生から息子の修と共に事務所を継いでほしいと打診され、心境に変化が出てきた。

西島秀俊／にしじまひでとし

71年3月29日生まれ。東京都出身。94年、『居酒屋ゆうれい』で映画初出演。数々の映画やドラマに出演し、主演作品も多数。21年公開の主演映画『ドライブ・マイ・カー』は世界各国でさまざまな賞を受賞した。近作に、主演ドラマ『警視庁アウトサイダー』(テレビ朝日)がある。23年11月23日公開、北野武が原作・脚本・監督を務めた映画『首』にも出演している。

原作エピソードでみる意外な一面

スーパーでの買い物帰り、賢二の元カレにばったり遭遇した史朗と賢二。史朗は自分と全く違う体格のよさや若さを備えた元カレを目の当たりにし、自信をなくして落ちこむ。

何事もそつなくこなすタイプに見えて、恋愛はうまくいかないことが多かった史朗。惚れた相手には強く出られず、つい尽くしてしまうため、結果的に彼氏がダメンズになりがちだった。

長年の恋人に今もベタ惚れ！心にさりげなく寄り添う優しさで周囲を包み込むベテラン美容師

矢吹賢二

Yabuki Kenji

内野聖陽

美容室『フォーム』で働く美容師。47歳。明るく人当たりがよいので、クセのあるお客にも寄り添うことができるのが強み。男性の恋人がいることをオープンにしており、職場の同僚やお客ともその話題で盛り上がる。史朗と暮らし始めて7年が経ったが、今も史朗にベタ惚れしていて、史朗と親しそうな存在には男性でも女性でもやきもちを焼く。思いやりに溢れた素直な性格で、その影響を受けて史朗の性格もだいぶ丸くなった。ロマンティックなことが好きなど心は乙女そのもので、相手の何気ない発言から真意を汲み取ったり、感激するとすぐに涙ぐんだりと感受性豊か。あまり素直に愛情表現をしない史朗の想いも、きちんと察している。

　家での料理は史朗に任せていて、史朗ほどの腕前ではないが、早く帰れたときは手伝ったり、史朗が忙しいときなどは代わって作ったりもする。掃除や洗濯もひととおりこなし、家事を史朗に丸投げしたりはしない。好き嫌いはほとんどなく、史朗の作った料理をいつも喜んで食べるが、最近は体重増加が気になるところ。金銭感覚が史朗に比べてゆるく、史朗に怒られがち。家族は母と姉2人で仲がよく、史朗との関係についてもすんなり受け入れられた。

内野聖陽／うちのせいよう

68年9月16日生まれ。93年に俳優デビュー。96年、連続テレビ小説『ふたりっ子』（NHK）で脚光を浴びた。テレビドラマや映画、演劇などで多くの作品に携わり、研鑽を積む。21年には「紫綬褒章」を受章。近年では、映画「鋼の錬金術師」シリーズ、舞台『M.バタフライ』、『笑の大学』などに出演。現在、主演映画『春画先生』が公開中。

原作エピソードでみる意外な一面

年末、航から4人で初詣に行かないかとお誘いが。深夜に出かけるなんてイヤだという史朗に対して、大晦日くらい夜更かししてもいいはずと、珍しく一歩も譲らず初詣に行きたがる賢二。

パンケーキを焼くにあたり、少量しか使わないベーキングパウダーを買うのを躊躇う史朗。賢二はその場で小日向に電話してパンケーキパーティーの約束を取り付け、パンケーキへの執念を見せる。

Character guide｜#03

Kohinata Daisaku

小日向大策

山本耕史

年下の恋人の尻に敷かれつつも
ワガママを受け止め一途な愛を注ぐ

芸能プロダクションの社員。がっしりした体つきと落ち着いた語り口で、いかにも大人の男といった印象を与えるが、同性の恋人・航にはデレデレで、口調も甘くなる。オシャレなマンションで航と一緒に暮らしており、家事全般は小日向が担当。史朗や賢二と親しくなってからは、4人で食事をする機会も増え、何でも気軽に話せる間柄に。小日向が大学生のとき、12歳だった航の家庭教師をしたのが、2人が知り合ったきっかけ。航が18歳になるのを待って、付き合うようになった。航の両親とはもともと知り合いで、2人の関係や今の暮らしについては航の家族も黙認している。

山本耕史／やまもとこうじ

76年10月31日生まれ。東京都出身。ドラマや映画、舞台、ミュージカルなどで多彩な役柄を演じる実力派俳優。近年の出演作に、舞台『浅草キッド』、大河ドラマ『鎌倉殿の13人』（NHK）、『ハヤブサ消防団』（テレビ朝日）、映画『シン・ウルトラマン』などがある。

Character guide｜#04

Inoue Wataru

井上 航

磯村勇斗

言いたい放題は親愛の情の裏返し!?
実は史朗の作る料理がお気に入り

小日向の恋人。ボサボサ頭にうっすらヒゲを生やし、服装はゆるくカジュアルな30代だが、かつては〝ジルベール（少女マンガ『風と木の詩』のキャラクター）〟並みに美少年だったよう。株の取引で稼ぐデイトレーダーで、ガツガツ儲けようというタイプではなく、小日向の家でのんびり気ままに過ごしている。ひねくれているが観察眼は鋭く、遠慮のない物言いで核心を突く。Sっ気が強く、とくに恋人の小日向に対しては完全に言いたい放題、ワガママ放題だが、それもまた彼なりの愛情表現。体形維持に余念がなくダイエットを意識しつつも、好物はわさビーフでスイーツも好き。

磯村勇斗／いそむらはやと

92年9月11日生まれ。静岡県出身。14年に俳優デビューし、以来、さまざまなジャンルで活躍。22年には「第45回日本アカデミー賞新人俳優賞」を受賞。近作に、主演ドラマ『東京の雪男』（Eテレ）、映画「東京リベンジャーズ」シリーズ、『最後まで行く』、『波紋』、『渇水』、『月』、『正欲』などがある。

Character guide #05

Tabuchi Go

田渕 剛

坂東龍汰

誰に対しても嘘なくマイペース ゴシップ大好きなイマドキ青年

賢二の勤め先『フォーム』の若手スタッフ。職場の仲間のみならず、お客相手にも思ったことをポンポン口に出すので周囲はハラハラ。しかし言葉に嘘がなく、またカットが上手なこともあって、彼のキャラがハマる客には気に入られ、指名も増えつつある。言動がユニークで何を考えているか分からないところがあるが、彼なりの思いや価値観に一本筋は通っている。彼女はちょくちょくいるようで、家事は彼女にやってもらいたいタイプだが、自分でできないというわけではなく、やらないだけ。ゴシップが大好きで、店長ヒロちゃんと妻レイコの今後の展開に興味津々。

坂東龍汰／ばんどうりょうた

97年5月24日生まれ。北海道出身。18年、『花へんろ特別編「春子の人形」』(NHK)にてドラマ初主演。以降、ドラマや映画で活躍の場を広げている。近年の出演作にドラマ『リバーサルオーケストラ』(日本テレビ)、『王様に捧ぐ薬指』(TBS)、映画『春に散る』、『バカ塗りの娘』などがある。

Character guide #06

Itsumi Chinami

逸見千波

朝倉あき

おカタい印象のインテリ系女子は 料理の味付けがちょっと微妙!?

田渕が最近まで付き合っていた女性。出版社で校正の仕事に就いている。カッチリしたシンプルな服装にストレートの長い黒髪をきっちりひとつに束ね、シンプルなメガネをかけていて、とても真面目そうな雰囲気。表情もあまり変わらず淡々としており、田渕とはテンションの異なるキャラクター。2人で一緒に暮らしていたときは、家事全般を引き受け、きちんとこなしていた。料理も栄養バランスを考えて非常に手際よく作るものの、どれも微妙にヘタでおいしくない。自分が作る料理がマズいという自覚はあるが、どう改善すればいいのかが分からない。

朝倉あき／あさくらあき

91年9月23日生まれ。神奈川県出身。10年、『とめはねっ！ 鈴里高校書道部』(NHK) でドラマ初主演。13年、映画『かぐや姫の物語』で主人公・かぐや姫の声を務めた。最近の出演作にドラマ『青天を衝け』(NHK)、『それってパクリじゃないですか?』(日本テレビ)、映画『七つの会議』などがある。

Character guide | #07

Nobuhiko

伸彦

及川光博

史朗好みのルックスながら 性格に難アリの“俺様”な元カレ

史朗の元カレで、お互いを「史朗」「ノブさん」と呼び合っていた。史朗が賢二と付き合う数年前、一緒に暮らしていた相手。史朗の好みドンピシャの渋いルックスだが、恋人に対して強く出るタイプで思いやりに欠け、しかも気分にムラがあるという、かなりクセありの男。家事は何もせず史朗に丸投げで、史朗がどんなに大変なときでも、自分が何か手伝うという気は一切なし。史朗は自分本位な彼の言動に腹を立て、振り回されてストレスが溜まる一方だった。文筆業が生業のようで、パソコンを使って家で仕事をしている。ペットは猫のかぼすちゃん。

及川光博／おいかわみつひろ

69年10月24日生まれ。東京都出身。96年、シングル『モラリティー』でアーティストとしてデビュー。独自の音楽性とその個性が注目を集め、98年ドラマ『WITH LOVE』で俳優活動をスタート。以後、アルバムリリースや毎年の全国ツアーを行うと共に、ドラマ・映画・CMなどで活躍。主な出演作に「相棒」シリーズ、『半沢直樹』など。

Character guide | #08

Tominaga Kayoko

富永佳代子

田中美佐子

食材の分け合いから縁が繋がった 料理上手で気のいい主婦

史朗がスーパーでの買い物中に親しくなった主婦。箱売りやまとめ売りの食材を共同購入して分け合うほか、史朗が富永家で一緒に料理をしたり、食事をしたりすることもある料理仲間。佳代子の夫や娘とも知り合い、今では家族ぐるみのお付き合いに。季節の食材や安価な食材を使ったアレンジ料理が得意。明るくさばけた性格で、史朗が抱える事情についても大らかに受け止めている。史朗が賢二のことや両親のことで悩んだとき、気負わずに話して意見を聞くことができる貴重な存在。史朗とは長い付き合いだが、賢二には、まだ一度も会っていない。

田中美佐子／たなかみさこ

59年11月11日生まれ。島根県出身。81年、ドラマ『想い出づくり。』(TBS)でデビュー。82年、映画『ダイアモンドは傷つかない』で初主演、第6回日本アカデミー賞新人俳優賞を受賞。以降、数多くのドラマや映画で活躍中。近年の出演作に映画『ひらいて』、『川っぺりムコリッタ』などがある。

Character guide　#09

Kakei Goro

筧 悟朗

田山涼成

日頃は穏やかな人柄ながら 時折、家長としてのプライドが覗く

史朗の父。穏やかで口数も多くなく、何かと暴走しがちな妻のブレーキ役になっている。以前に食道がんが見つかり大手術をしたが、それも無事に終わって快復、自宅に戻ってこれまでどおり暮らしている。妻が入院した際は掃除や洗濯は何とか頑張ったものの、料理はお手上げだった。妻の過去の浪費で貯蓄が心許なくなり、史朗から仕送りをしてもらうように。ただ家長としてのプライドは持っていて、息子からお金を出してもらうところに関してはこだわりがあるらしく、自分の面子が立たないと怒り出したりして、史朗もさじ加減がよく分からない。

田山涼成／たやまりょうせい

51年8月9日生まれ。愛知県出身。文学座の研究所、劇団夢の遊眠社を経て、舞台のみならずドラマ、映画などで幅広く活躍。近年の作品に、ドラマ『女子高生、僧になる。』(MBS)、舞台『最高のオバハン　中島ハルコ』など。現在、映画『春画先生』が公開中。23年12月～24年1月にかけて、舞台『シラの恋文』に出演予定。

Character guide　#10

Kakei Hisae

筧 久栄

梶 芽衣子

真面目さが仇となって、ときに暴走 でも息子を想う気持ちは人一倍強い

史朗の母。根が真面目で、かつては史朗が結婚できるようにと願うあまり新興宗教にハマって多額の金をつぎ込むなど、何かにハマるとのめり込んでしまうタイプ。また少し神経質で、思い詰めてナーバスになりやすい。史朗のカミングアウトに大きな衝撃を受けるも、現実を受け入れようと一生懸命。少しずつ歩み寄り、史朗が実家に帰ったときは一緒に料理をしたり、家のことを相談したりと息子を頼りにもしている。史朗と賢二の関係性についても知っており、折に触れ、史朗を介して賢二への気遣いを見せるが、なかなか気持ちが追い付かず、顔を合わせたのは一度きり。

梶 芽衣子／かじめいこ

47年3月24日生まれ。東京都出身。高校在学中にモデルデビュー、卒業後に日活に入社。映画「野良猫ロック」シリーズ、「女囚さそり」シリーズなどで高い評価を得て、テレビ界に進出。出演作は『寺内貫太郎一家』(TBS)、『あめりか物語』(NHK)、「鬼平犯科帳」シリーズ(フジテレビ)など多数。

スペシャル鼎談

西島秀俊×内野聖陽×よしながふみ

『きのう何食べた？』が2年ぶりに、映像の世界に戻ってきた！シロさんを演じる西島秀俊とケンジを演じる内野聖陽、原作者のよしながふみ先生が再び顔を合わせ、喜びを分かち合いました。今回のドラマ制作にまつわるエピソードから作品に登場する料理の話まで、スペシャル鼎談にてたっぷりお楽しみください。

――連続ドラマ、スペシャルドラマ、映画を経て、連ドラのシーズン2が決まったときの気持ちをお聞かせください。

よしなが　作品を映像化すると、皆さんによく「続編をやりましょう！」と言っていただくんです。『何食べ』も続編をぜひとお話をいただいたのですが、「もし続編ができるなら私はとっても観たいけれど、可能なのかな？」と思っていたので、決まってとても嬉しかったです。いち視聴者として、また映像で見られるのが楽しみです。

西島　僕はずっと「『何食べ』をやりたい」と思い続けていました。でも実際にやるとなると、内野さんをはじめ忙しい俳優さんたちばかりなので、スケジュールを合わせるのがかなり大変だと聞いていたんです。

内野　僕も続編はきっとやるんだろうなと思っていましたから、覚悟はできていました。西島さんは以前からやる気満々でしたから（笑）。でも、とてもお忙しいから、スケジュールは大丈夫なのかなと心配していたんです。

西島　プロデューサーの方々が力を尽くしてくださって、キャストもスタッフも、ずっと一緒にやってきた方たちが集まり、こうして続編を作ることができました。「本当によく実現できたな」としみじみ思っています。各マネージャーさんたちにも感謝したいです。

内野　よしなが先生の原作は人の老いも含めてさまざまな成長を自然な形で描いていらっしゃるので、若くあらねばというプレッシャーを持たずに撮影に入ることができて、とてもありがたいです（笑）。

――シーズン2の制作に際し、先生が制作の方々にリクエストしたことはありますか？

よしなが　脚本の安達（奈緒子）さんに、「2人の食費を値上げするエピソードを入れてほしい」とお願いしました。漫画では10年ぐらい前に一度値上げしていて、昨年にも値上げし、今年も値上げし……。今は2人で4万円という状況です。安達さんが今回、脚本にしてくださったのは２０２１年頃に描いたエピソードで、その頃は3万円。当時だと考えればギリギリ堪えられるかなということで、視聴者の方にはお許しいただければと思っています（笑）。

内野　食費値上げの話を入れたいというのは、登場人物の生活に大きな影響を与える要素だからということですか？

よしなが　そうです。この歴史的な物価上昇で、2人の食費を２万５０００円から値上げしないと、リアリティのある話として成立しないと思いまして……。それと、「史朗の元カレの話を入れてほしい」ということもお願いしました。

西島　それにも、何か理由があるんですか？

”いち視聴者として、また映像で『何食べ』を見られるのが楽しみです！“（よしなが）

“「昨日まで撮影していたんじゃないか」と思うほど、自然にまた史朗になれた。”

（西島）

よしなが　はい。史朗にはあのひどい元カレとの経験があるから、ケンジのありがたみが身に染みる、というところもあるので、ぜひドラマで描いてもらいたいと思いました。「実写化された元カレを見たい」という単純な気持ちもあったんですけどね（笑）。

西島・内野　あははは！

――西島さんと内野さんは、久しぶりにシロさん、ケンジとして再会されたわけですが、お会いしたとき、どんなお話をしましたか？

内野　「あぁ！」「おぉ～！」みたいな感じでしたっけ？　とくに改まって挨拶をして、「よろしくお願いします！」ということはなかったよね。

西島　そうですね。そんなキチッとした感じではなかったです（笑）。僕はセットに入ったら、自然と史朗になるというか。内野さんもケンジだし、スタッフも知っている顔がたくさんいて、「昨日まで撮影していたんじゃないか？」というぐらい自然な感覚で。

内野　そうそう。お互いにいつのまにかケンジとシロさんになってるよね。

よしなが　西島さんは前からずっと「ケンジに会いたい」と仰《おっしゃ》っていましたから、ようやくでしたね！

内野　僕じゃなくて、ケンジに会いたいんだよね（笑）。

西島　いやいや、もちろん内野さんにも会いたいですよ！（笑）

“西島さんも僕も、お互いいつのまにか シロさんとケンジになってるよね。”（内野）

——よしなが先生もシロさんとケンジに会いに行かれましたか？

よしなが　はい。今回も何度か撮影現場にお邪魔させていただきました。2日続けて伺ったときに、西島さんから「お久しぶりです」と言われまして……、「お久しぶりです。24時間ぶりです」とお返事をしましたね（笑）。

西島　ははは。なんとなく、お久しぶりのふりをしたほうがいいのかなと思って（笑）。

よしなが　お気遣いいただきまして（笑）。拝見した現場には、これまでの『何食べ』の世界が広がっていました。「お二人はいつもどおり、仲良く撮っていらっしゃるな」と微笑ましかったです。

内野　ほっこりしたドラマなのに、現場はめまぐるしくて意外と殺伐としていませんでしたか？

西島　え？　殺伐とするようなエピソードは、『何食べ』にないでしょう（笑）。

よしなが　あ、最初にお邪魔したときが、ちょうど〝事故物件〟のエピソードを撮影中だったんです。

西島　ああ、事故物件のシーン。

よしなが　ケンジが「いーーーやーーーーっ！！！」と悲鳴を上げるシーンを見学しました。

内野　ケンジはよく悲鳴を上げますからね（笑）。

よしなが　彼は果たして隣人にどう思われているのか、ちょっと心配になります（笑）。

——西島さん、内野さんは2019年からシロさん、ケンジを演じておられます。長年、同じキャ

ラクターを演じ続ける難しさなどはありますか？

内野　やはり内野という生身の人間が演じているので、「ずっと変わらないキャラクター」よりも、「少しずつ変化していくキャラクター」を演じるほうが自然だとは思います。ただ、長く演じていると、どうしても〝自分流〟になってしまう危険があるので、ケンジのキャラクターから逸脱していそうだと感じたときは、原作を読み返して自己チェックをしています。

西島　視聴者の皆さんの中でも、回を重ねるごとにキャラクターのイメージが固まっていくと思うので、正直、撮影前は毎回プレッシャーを感じています。でも、『何食べ』はキャラクターがきちんと歳をとっていくスタイルの作品ですからね。史朗の年齢が僕自身の年齢と近いので、彼が体験していることは、僕自身もちょっと前に経験しているなど、共感できる点が多いんです。史朗が歳を重ねるにつれ、共感度がより高くなっている感覚もあり、殊更《ことさら》に意識することなく、構えずに史朗を演じられているのかなと思っています。

——今回の撮影を振り返り、とくに印象に残っているのはどんなシーンですか？

内野　僕は今回の現場でようやく、佳代子さんに会えたんですよ！　シロさんと佳代子さんはよく一緒に買い物をしていて、話題にもよく出てくるし、なんならエコバッグまでもらっているのに、僕は全然会えなかったから。

よしなが　そういえば以前の映画撮影のときに、田中（美佐子）さんに「私、いつになったらケンジに会えますか？」と聞かれたんですよね。「漫画だと、10年後ぐらいです」ってお答えしたら、「えぇっ!?」って驚いておられました（笑）。

内野　漫画だと10年後ですか！

よしなが　そうなんです。そうしたら田中さん、「それは長い……」と仰って。

内野　だってその10年の間に、シロさんと佳代子さんはもうマブダチですもんね。

西島　そうですよ。何でも分け合う仲です（笑）。

内野　だから今回のスーパーでの出会いのシーン、田中さんはめちゃめちゃテンションが高かったですよ。そのシーンの撮影のときは、僕の近くにスピーカーを置いていただいて、そこから佳代子さんの心の声を流していたんです。

よしなが　へぇ、そうやって撮影されていたんですね。

内野　僕と田中さんは無言で顔を見合わせているんですけど、スピーカーからは田中さんの「ケンジーーーーっ！！！」っていう心の声が聞こえてくるという（笑）。でもケンジ的には「誰？このオバサン？」という表情で。あのシーンは本当にドラマティックでしたよ。すごく面白いシーンになっていると思います。

よしなが　見るのが今か

〝ケンジのキャラクターから逸脱していないか原作を読み返して確認します。〟
（内野）

歳を重ねるにつれ、史朗との共感度がより高くなっている感覚がある。

（西島）

ら楽しみです！　富永夫妻としては、孫も生まれてライフイベントはほぼ終わったというタイミング。でもまだこんなに面白いことが待っているなんて、それはもうテンションが上がってしまうだろうなと思います。

西島　僕らが佳代子さんの家に遊びに行ったときの、矢柴（俊博）さんと田中さんの反応もまた面白かったですよね。ドアを開けたときから「あぁぁぁぁ！」ってもう興奮状態で（笑）。お二人とも、キャラクターとしての気持ちとご自身の気持ちが混ざってしまっているようでした。

内野　そうそう。ケンジと内野、両方に反応しているというか。4人で食事をするシーンも、矢柴さんと田中さんは食べるのも忘れてじーっとこっちを見てて（笑）。僕はまるで動物園のパンダの気分でした。

西島　お二人で「テレビで見てたやつだー！」「本当においしそうに食べるんですね」「うわー！　ようやく生で見られた〜」ってはしゃいでましたよね（笑）。

よしなが　「テレビで見てた」って面白いですね（笑）。

西島　僕の印象に残ったシーンというと、ケンジの家族と会ったときですね。ケンジにとっての佳代子さんと同じで、ケンジの家族も作品には登場

しているけど、史朗は会っていなかったんです。今回ようやくお会いできて、ステキな家族だなと改めて思いました。もちろん、史朗の家族もとてもいい家族ではありますが、自分たちがうまく乗り越えられなかったところをうまく乗り越えていて、史朗のことも家族のように受け止めてもらえたあのシーンは、皆さんと実際に演じると、台本を読んだとき以上に、とても心に感じるものがありました。

内野　ケンジとしては、お母ちゃんが理由も教えてくれないまま「シロさんに会いたい」と言うので、もうハラハラドキドキでした。最後に母の心憎い計らいが明かされ、そんなところまで考えてくれていたお母ちゃんの気持ちにとにかく驚き、感動しました！

西島　先生、あのエピソードはどんな想いから描かれたんですか？

よしなが　やっぱり、お母さんの気持ちからですね。たぶん、2人が付き合ったばかりの頃は、お母さんもその関係性が長く続くとは思っていなかったので、「彼氏なんだな」ぐらいの認識だったはずです。でも付き合いが長くなれば、自分たちがいなくなった後に息子と一緒にいてくれる人、として相手のことを見るようになります。そうすると自分たちは〝家族〟として、どういう付き合いをすればいいか、きっと考えるだろうなと。もちろん、作品を描き始めた頃は全く考えていなかったですし、シロさんとケンジの関係性が長く続いたからこそ生まれたお話だと思います。

――シーズン2ではよしなが先生のご希望だった、シロさんの元カレ、ノブさんも登場しました。

西島　彼も、僕しかお会いしていないんですよね。及川（光博）さんがもう完璧で。セットに入られたときから去るまで、現場は完全に及川さんワールドでした（笑）。

”シロさんとケンジの関係性が長く続いたからこそ生まれたお話も多いです。“（よしなが）

よしなが　私もその現場、拝見していました。及川さんが猫を抱いていらっしゃるのですが、「及川さんと猫って、あざとすぎるでしょ！！！」と心の声が漏れそうに……（笑）。女性の好きなものを全部もっているようなキャラクターで、とっても素敵でした！

西島　「この人には、史朗も惹かれるよな」と納得するほど、魅力に溢れたキャラクターでした。またご自分から「こうすればいいかな？」といろいろアイデアを出されたりしていて。猫もウットリしてましたね（笑）。

内野　シロさんはその魅力に抗《あらが》えないんだよね。僕、その回を見たら笑っちゃうだろうな～（笑）。

西島　ケンジといるときとはまた違う表情を見せられたんじゃないかなと思っています。

内野　そういえば先生、ケンジの元カレもいますよね？

よしなが　はい、ドラマには登場していませんが、男前な元カレがいます。

西島　その彼の存在に、史朗が若干自信をなくして落ち込むんですよね（笑）。

内野　ケンジの元カレも、ぜひ次のシーズンで出しましょうよ！　安達先生にもプッシュしてください。

よしなが　ふふふ（笑）。シロさんの元カレのエピソードも、最初から描こうと思っていたわけではないんです。シロさんが「ケンジはそんなにタイプじゃない」と言うから、「じゃあ、タイプの人と暮らしていたときはどんな感じだった？」と考えていって生まれました。『何食べ』はお料理を描くのがメインなので、編集さんとは「キャラクターの周囲では、あまり何も起こさないようにしよう」と話していたんです。でも、そう言っていたわりには次々といろいろなことが起こり、「人生って、平凡なように見えても、こんなにもいろいろなことが起きるんだな」と驚いています。

内野　じゃあ、あまりネタには困らないですか？

よしなが　はい、ネタは尽きないです。料理以外でキャラクターたちに起きるエピソードは、その都度考えるというより、編集さんや職場のアシ（アシスタント）さん、そして私の身の回りで起こったこと、感じたことをそのまま描いているので、だいぶエッセイに近い感じになってきたなと思っています。

——シーズン2でもさまざまな料理が登場しますが、印象に残っている料理は何でしょう？

西島　僕は台本を読んだときから、ケンジの作るカツ丼が食べたくて！

よしなが　ケンジの料理は欲望のままのレシピが多いので、魅力的ですよね。

内野　歯止めがかからないので、卵など材料をたっぷり使うんですよね。

西島　ケンジのレシピはパッと作れそうな、真似したくなるものが多いんです。僕は料理がそんなに得意ではないので、ケンジが主役のスピンオフを作って、そういうメニューをいっぱい見せてもらえたらなって思っています。僕もときどきは出演しますから（笑）。

内野　自分がさんざん料理してるから、僕に料理をさせたくてしょうがないんでしょ（笑）。

西島　いやいや、そうじゃなくて、ケンジの料理をもっと見たいなって（笑）。

内野　僕が作ってもらったものでいうと、ブロッコリー入りカルボナーラはこってり味で、めちゃくちゃおいしかったですね。「これは家で作ってみたい」と思いました。食べた後、10キロぐらい走らないとダメだけど（笑）。

よしなが　お口に合ってよかったです。

西島　ケンジ作の鍋焼きうどんも印象に残ってるし、佳代子さんの家で食べた天ぷらもおいしかったな。そうそう、僕、今、天ぷらにハマってるんですよ。

よしなが　家でお作りになっているんですか？

西島　はい。揚げ物をするって、テンションが上がる作業だなと思いました（笑）。

よしなが　天ぷらは場数を踏むとどんどん上手になるから、楽しくなりますしね。

西島　野菜を切って揚げるだけなんですけど、どんどん揚げたくなっちゃう（笑）。ズッキーニは天ぷらにしたことがなかったのですが、おいしく

”ケンジが主役のスピンオフで、ケンジの作る料理もいっぱい見たい！“（西島）

てびっくりしました。

内野　西島さん、ズッキーニをバクバク食べてましたよね。僕は、大葉をふんだんに挟んだアジ！　あの組み合わせは、素晴らしかったです。

**”江戸前風ばらちらしは
まるで宝石箱のような
美しさで感動しました。“**（内野）

よしなが　アナゴやキスってなかなか手に入らないですし、素人が家で天ぷらにするにはハードルが高いなと思ったんです。アジなら、天ぷらにもしやすいかなと思って。

内野　僕、必要以上に食べちゃいましたよ。アジフライはよくあるけど、アジの天ぷらってなかなか見ないですよね。あれはぜひ、家で試したいと思っています。それから感動したのが、江戸前風ばらちらし！　具が角切りのちらしって僕は初めて食べたのですが、まるで宝石箱みたいな美しさ。角切りだから具材ごとの味わいもしっかり楽しめていいなと。

よしなが　お寿司屋さんのばらちらしを参考にして作ったメニューです。喜んでいただけて嬉しいです！

西島　おいしかったといえば、のり弁も！　のりがペロッと剥がれてしまわないように小さく切っ

”おいしい食事をして会話を楽しむ時間は生きていくうえで必要だと思う。“（西島）

て、それにお醤油がつけてあって。その工夫がいいなと思いました。それから、チーズナンは作る作業も含めて、思い出になりましたね。料理は1人で集中して作るのも楽しいですが、2人で作る楽しさもあるんですよね。

内野　しかしこうして振り返ってみると、今回も本当にいろいろ食べたなぁ（笑）。

――これまで作品に登場したメニューの中で、実際に作ってみたものはありますか？

西島　僕はクレープが何度か作りました。とくにおかずクレープがお気に入りです。

内野　僕はキャラメルりんごのトースト。ちゃんとアイスを買ってきて、シナモンを振りかけて食べました。それと、明太子サワークリームディップは、もう10回ぐらい作っています。あれは誰に出しても喜んでもらえるし、必ず「止まらない！」と言ってもらえますね。

よしなが　わぁ、嬉しいです！

内野　それから、オクラとミョウガの味噌汁も結構好きなんですよ。

よしなが　それは、ドラマではなくて漫画に掲載

”顔を見合わせて食事をする コミュニケーションは 人が分かり合う第一歩。“（内野）

されているレシピですね。

内野　僕、漫画のほうからも作りたいものをいろいろ拾ってるんですよ。今回の撮影分でいうと、のり弁は絶対に作ろうと思っています。あと、カツ丼も！

西島　僕はチーズナンを作りたいな。撮影で食べたとき、かなり分厚くて食べ応えがあっていいなと思ったんです。監督もナンを家で焼いたそうですよ。砂糖がけっこう入っているので、ちょっと罪悪感がありますが（笑）、でもおいしかったからまた食べたいです！

よしなが　バターチキンカレーとチーズナンは、もともとパーティー用に作りました。カレーが嫌いな方って少ないので、最後に出すと、皆さんけっこう食べてくださるんですよね。ナンもチーズを入れず、ひと口サイズにカットして小皿に入れたカレーに添えてお出ししています。

内野　へぇ、なるほど。『何食べ』を見ていると、作りたいものがいっぱい出てくるんです。

西島　そうそう。料理をするのが楽しくなりますよね！

よしなが　お二人にこんなにいろいろ作っていただけて、とってもありがたいです！

――コロナ禍を経て、数年ぶりに人と食事をする機会が戻ってきています。人と一緒に食卓を囲むことへの意識は変わりましたか。

西島　はい。これまでは当たり前のように友達や親しい人と家族ぐるみで食事をしていたのに、それができなくなって、「こんなにキツいものなのか」と痛感しました。気のおけない人たちとおいしいものを食べ、みんなで会話をするということは、生きていくうえで必要なものなのだと思いました。やっとまた少しずつ食事に行けるようになり、改めてその幸せを噛みしめています。

内野　人とのコミュニケーションを目だけでやってきた3年間でしたから、マスクを外し、笑顔で喋りながら食事ができるというのはこんなにも素晴らしいことだったのかと感じています。口元まで見えて初めて相手の感情が読み取れるんだと思うんですよ。「口元が緩んでるから、喜んでるな」とかね。やっぱり目だけじゃ、「腹を割って話そう」という感じにはならない。顔を全部見せて食事をしながらのコミュニケーションというのは、人が分かり合う第一歩だということを久々に思い出しました。直接顔を見合わせて話し、気持ちを表現する楽しさが、食事をさらにおいしくするんだと思います。

よしなが　よく分かります。漫画やドラマでも、シロさんとケンジがお互いに「うまいな」「おいしいね」と言い合うシーンがあります。

内野　そう、あれこそが愛情表現ですよね。『何食べ』の世界観ではとくに、その部分を大事に演じています。

西島　確かにそうですね。ドラマを観てくださる皆さんにも、その想いが届けばいいなと思います。

レシピ

きょう何食べる？

〔 番外編 〕

カツ丼／鍋焼きうどん（ケンジ的フルスペックバージョン）／のり弁［のり弁の土台／ちくわの磯辺焼き／ウインナーとピーマン炒め／きんぴらゴボウ］／金目鯛の姿蒸し／バンバンジーサラダ／中華風コーンスープ 小日向さんち風／ステーキチャーハン／夏の終わり天ぷら／たこめし／わかめとキュウリの酢のもの／しじみの味噌汁／ブロッコリー入りカルボナーラ／パウンド型で焼くフィナンシェ

2人の心を繋ぐ
シロさんの簡単

油淋鶏《ユーリンチー》（インゲンとかぼちゃ添え）／大葉とキュウリの塩やっこ／エリンギと玉ネギの味噌汁／シンガポールチキンライス／チンゲン菜のエスニック炒め／コンソメ野菜のかきたまスープ／ビーフシチュー／シーザーサラダ／明太子サワークリームディップ／バターチキンカレー／チーズナン／ステーキサラダ／たこときのこのトマト煮込み／かぼちゃの冷製スープ／ガーリックトースト／江戸前風ばらちらし／とり天とアボカドの天ぷら／菜の花のゴマからし和え／はまぐりの潮汁／かれいの煮つけ／ポテトサラダ／オクラのおかか炒め／豆腐とわかめとネギの味噌汁／常夜鍋／〆の味噌ラーメン／明太ひじき／豚の角煮／じゃことゴボウのまぜごはんのおにぎり／ウインナー炒め／ひじきとツナのトマト煮／ピーマンの焼きびたし／リコッタチーズのパンケーキ

シロさんの
One Point

鶏モモ肉は、すきまにもムラなく
片栗粉をまぶしつけるのがポイント。

油淋鶏《ユーリンチー》（インゲンとかぼちゃ添え）

● 材料〈２人分〉

鶏モモ肉……大１枚
インゲン……1/2袋
かぼちゃ……薄切り４枚
レタス……２枚
卵……１個
醤油……大さじ１
コショウ……少々
片栗粉……適量

〈タレ〉

長ネギ……1/2本
タカノツメ……１本
ショウガ（チューブ）……少々
ニンニク（チューブ）……少々
醤油……大さじ２
酢……大さじ２
砂糖……大さじ１ 1/2

（前日の鶏モモ肉の仕込み）

鶏モモ肉は肉の厚い部分に包丁を入れ、元の２倍くらいの大きさになるよう切り広げる。

溶いた卵、醤油、コショウを混ぜ合わせ、鶏肉を漬け込む。途中、１回はひっくり返す。最短でも30分くらい、最長で丸一日漬け込んでおく。


レタスは洗ってちぎっておく。

かぼちゃは薄切りにし、インゲンはへたの部分を切って洗い、水気をよく拭いてザルに上げておく。

長ネギと種を抜いたタカノツメをみじん切りにして、さらにショウガとニンニク、醤油、酢、砂糖を合わせてタレを作る。

大体１７０℃の油で、かぼちゃを入れて２分、さらにインゲンを入れて１分くらい素揚げをして、油を切っておく。

下味のついた鶏モモ肉にまんべんなく片栗粉をまぶす。

これも大体１７０℃の油でカリッとなるまで７〜９分じっくり揚げていく。

皿にちぎったレタスを敷き、カットした鶏モモ肉、インゲン、かぼちゃを盛り付けてタレをかけたら完成。

原作でふり返る料理エピソード

店長になり、朝から晩まで多忙なケンジ。定休日以外は別々の食事が続く中、シロさんは思い立って油淋鶏を作る。ケンジも家に仕事を持ち帰ればいいと気づき、早く帰宅。久々に一緒に食卓を囲んで、２人は大満足！（15巻・＃114）

そっか〜〜〜
何だ〜〜〜こうやって
仕事持ち帰れば
良かったんだ〜〜〜
そうすればこうやって
シロさんと一緒に
ごはん食べれるじゃーん
あ——もう
俺ってば早く
気付けば
良かった——♡
一人ブラック企業な状態が
変わったわけじゃありませんが
気持ちはすごくラクになった
ケンジです。

エリンギと玉ネギの味噌汁

玉ネギの薄切りを水と一緒に鍋に入れて火にかける。
エリンギは長さを半分にして、縦に薄切り。
鍋が沸騰したら、エリンギの薄切りと和風だしの素を入れて、味噌を溶き入れる。

● 材料〈2人分〉

エリンギ……大1本
玉ネギ……1/2個
水……400cc
和風だしの素……少々
味噌……適量

大葉とキュウリの塩やっこ

豆腐を半分に切って、それぞれ大きめの鉢に入れる。

大葉とキュウリは千切りにし、かつおぶしと塩であらかじめ和えて、豆腐の上にどばっとのっけたら、冷蔵庫で冷やしておく。

● 材料〈2人分〉

豆腐……1丁
大葉……10枚
キュウリ……1本
かつおぶし……1パック
塩……小さじ1/2

シンガポールチキンライス

● 材料〈2人分〉

鶏モモ肉……大1枚
米……1合半
ショウガ……1片
酒……大さじ1
鶏ガラスープの素……小さじ1
おろしニンニク（チューブ）……少々
長ネギの青い部分……1本分
ゴマ油……少々
ローリエ……1枚

〈鶏モモ肉下味用〉
砂糖……小さじ1
塩……小さじ1

〈ソース〉
ショウガ……1片
パクチー……1/2袋
醤油……大さじ1
ナンプラー……大さじ1
酢……大さじ1
砂糖……小さじ1
レモン汁……少々

ショウガはすべて（2片）みじん切りにしておく。

研いで吸水させておいた米は、炊き込みごはんと同じかなり少なめの水加減にして、そこにショウガのみじん切り1片分、酒、鶏ガラスープの素、おろしニンニク、長ネギの青い部分、ゴマ油、ローリエを入れておく。

鶏モモ肉にまず砂糖、次に塩をよくすりこんで、皮を上にして米の上にのせたら炊飯。

パクチーは茎の部分をみじん切りにし、葉の部分は飾り付け用に取っておく。

ソースはボウルにショウガのみじん切りの残り1片分とパクチーの茎のみじん切り、醤油、ナンプラー、酢、砂糖、レモン汁を合わせて混ぜておく。

ごはんが炊けたら、長ネギとローリエを取り出す。

ごはんをお椀にギュッと詰めて、平皿にひっくり返す。

鶏肉をカットしてお皿に盛り、最後にパクチーの葉を添えて出来上がり。

鶏肉にソースをかけていただく。

シロさんの
One Point

チキンライスを倍量作りたい場合は鶏肉は2枚、必ずずらして米の上にのせること。

肉の重なり部分が生のまま米が炊きあがってしまう危険あり。

原作でふり返る料理エピソード

シロさんが事務所の山田さんから教わったシンガポール料理に挑戦！　副菜もメインに合わせてエスニック風に仕上げた夕食。職場の不穏な気配に憂鬱になっていたケンジも、おいしいごはんでちょっと元気回復。（13巻・#102）

うちの事務所の山田《やまだ》さんから教わったんだよシンガポール料理なんだとさ
子持ちの人だから手早く出来て一品でメインも兼ねてくれそうなごはんものとかパスタとかを良く作ってるみたいですごく参考になるのよ
このしょうがとパクチーの茎のみじん切り入りのタレを鶏肉の上にかけて喰ってみて

コンソメ野菜のかきたまスープ

玉ネギは薄切り、ニンジンは長さを半分にして太めの千切りにし、鍋で水から煮る。

玉ネギとニンジンを煮ている間、セロリの茎の方だけを縦に3～4センチの薄切りにする。

鍋が沸いてきたら、セロリの薄切りを加えてからアクを取る。

さらにコンソメキューブを入れて、中弱火でしばらく煮ていく。

スープの具材に完全に火が入ったら、塩、コショウでスープの味を調える。

溶いた卵 2 個分を流し込んだら完成。

● 材 料〈4人分〉

水……適量
玉ネギ……大 1/2 個
ニンジン……1/2 本
セロリ……1 束の茎部分
コンソメキューブ……2 個
塩……適量
コショウ……適量
卵……2 個

チンゲン菜のエスニック炒め

チンゲン菜は 3 ～ 4 センチ幅に切る。

種を抜いて輪切りにしたタカノツメと粗みじんにしたニンニクを、サラダ油でじっくり弱火で炒める。ニンニクの香りが出てきたら火を強めて、チンゲン菜のまず茎だけを入れ、蓋をしてしばらく蒸し焼きに。

蓋を開けたら葉の部分もすべて入れて、オイスターソース、ナンプラー、砂糖、コショウで濃いめに味付け。
※濃いめに味付けするのは片栗粉でとろみをつけないから。

● 材 料〈2人分〉

チンゲン菜……3 株
タカノツメ……1 本
ニンニク……1 片
サラダ油……適量
オイスターソース……適量
ナンプラー……適量
砂糖……少々
コショウ……少々

原作でふり返る料理エピソード

クリスマスが近づき、恒例のメニューにそれぞれ思うところが出てきたシロさんとケンジは、話し合って内容を大幅刷新することに。以前よりもボリュームを減らす分、食材をグレードアップ。さらにケンジのリクエストで、メインは煮込み料理に決定。(15巻・＃119)

シロさんの
One Point

ビーフシチューのルウは
お好みのメーカーのものでOK。
缶詰めのデミグラスソースや
顆粒のビーフシチューの素でも作れます。

ビーフシチュー

（前日のうちに、牛スネ肉を赤ワインに漬け込んでおく）

玉ネギを薄切りにする。

漬けておいた肉を取り出し、厚手の鍋にオリーブオイルを引き、強めの中火でしっかり焼きつける。漬け込んだときの赤ワインは取っておくこと。

肉を取り出し、鍋を洗わずに玉ネギを入れ、しんなりするまで中火で炒める。

肉を鍋に戻し入れて、取っておいた赤ワインに水を足して650ccにしたものを注ぎ入れる（ビーフシチューのルウ5皿分の水分量にする）。

汁が沸騰してきたら、アクをきちんと取り切る。

弱火にし、ローリエを入れたら蓋をして、3時間ほどじっくり煮込む。

その間に、ビーフシチューに入れるほかの野菜の下ごしらえを。

ニンジンは長さを3等分に切って、さらに縦に4等分し、面取りをしておく。

面取りした後の切れ端はきざんでシチューの鍋に入れておけば、

中でとろけて無駄にならない。

マッシュルームは石突きを切り落とし、濡らしてかたくしぼったふきんかキッチンペーパーで汚れを取っておく。

ブロッコリーは小房に分け、沸騰した湯に入れて、固めに茹でておく。

色が冴えたらすぐにザルに上げる。

肉を煮て2時間以上経ったところで、ニンジンを加える。

ジャガイモは皮をむき、1個を半分に。

ニンジンを入れてから20分くらい経ったところで、ジャガイモとマッシュルームを入れてさらに静かにトータル3時間になるまで煮ていく。

途中浮いてきたアクを取りつつ、3時間経ったところでルウを加え、さらに10分煮る。

ビーフシチューを皿に盛り付け、ブロッコリーは最後に添える。

生クリームを上からかけて完成。

● 材料〈5皿分〉

牛スネ肉……400g
玉ネギ……1 1/2個
ニンジン……小1本
マッシュルーム……1パック
ブロッコリー……1株
ジャガイモ（メークイン）……2個
赤ワイン……200cc
オリーブオイル……適量
ローリエ……1枚
ビーフシチューのルウ……5皿分
生クリーム……少々

明太子サワークリームディップ

明太子をほぐして、サワークリームと
混ぜ合わせるだけ。
バゲットに塗っていただく。

● 材 料〈2人分〉

明太子……1腹
サワークリーム……100g

シーザーサラダ

ベーコンは細切りにして、フライパンで油をひかずカリカリになるまで炒める。

ロメインレタスは洗ったのち、手でひと口大にちぎっておく。

温泉卵を作る。鍋に水（分量外）を入れて沸騰させてから火を止め、
冷蔵庫から出したての卵を静かに沈めて、
蓋をせず 12 ～ 15 分ほど放置すれば OK。

粉チーズ、マヨネーズ、無糖ヨーグルト、おろしニンニク、塩、粗びき黒コショウを合わせてドレッシングを用意する。

ロメインレタスを皿に盛り付け、さらにカリカリベーコンと温玉をトッピング。

ドレッシングをかけて出来上がり。

● 材 料〈2人分〉

ロメインレタス
（なければ
ふつうのレタスや
サニーレタスでも）
……1玉
ベーコン……2枚
卵……1個

〈ドレッシング〉
粉チーズ……大さじ2
マヨネーズ……大さじ2
無糖ヨーグルト……大さじ2
おろしニンニク……少々
塩……少々
粗びき黒コショウ……少々

バターチキンカレー

● 材 料〈2人分×2日〉

鶏モモ肉……2枚
玉ネギ……中1個
バター……40g
カットトマト缶……1/3缶（130～140g）
塩……少々
砂糖……少々
生クリーム……1パック
茹でた季節の野菜（トッピング用）……適量

〈マリネ下地〉

プレーンヨーグルト……200g
カレー粉……大さじ2～3
はちみつまたは砂糖……大さじ1
ケチャップ……大さじ1
塩……小さじ1
粉チーズ……大さじ1　※あれば
レモン汁……大さじ1　※あれば
おろしニンニク（チューブ）……大さじ1
おろしショウガ（チューブ）……大さじ1

大きなボウルにプレーンヨーグルトを入れ、ここにカレー粉、はちみつまたは砂糖、ケチャップ、塩、あれば粉チーズ、レモン汁も入れる。

最後にニンニクとショウガを入れてよく混ぜたら、マリネ下地の完成。

鶏モモ肉を1枚につき8等分にしたら、
ボウルに入れて下地をよくなじませる。

1～2時間、冷蔵庫で漬け込む。

玉ネギをみじん切りにする。

フライパンを熱し、バターを入れたら玉ネギを中火でうっすら色づくまで炒める。

フライパンにカットトマトを入れて、マリネした鶏モモ肉を下地ごと加えて、
肉に火が通るまでしばらく煮続ける。

汁が沸騰したら味見して、塩と砂糖でお好みに調整する。

鶏肉に火が通ったら、最後の仕上げに生クリームを入れる。

彩りに、茹でた季節の野菜をのせる。

シロさんの
One Point

塩気はカレーライスのルウより
控えめにしたほうがおいしい。

原作でふり返る料理エピソード

GWで連休が取れたケンジは、シロさんと朝の散歩へ出るもクタクタ。2人は、シロさんが佳代子さんから教わったというメニューにトライ。シロさんからお互いが休みの日に一緒に作ろうと思っていたと聞き、ケンジはご機嫌。（19巻・＃147）

ありがとねえ
鶏肉 昨日から
仕込んでて
くれたのね
イヤ
仕込みっつっても
全然大した事は
してないからさ
作んの面白そう
だったから
お前と休みが一緒の時に
作ろうと思ってたんだよ
夏休みより早くに
実現できたんで
良かった！

チーズナン

● 材料〈2枚分〉

強力粉……250g
薄力粉……50g
砂糖……50g
ドライイースト……3g
塩……小さじ1/2強
ヨーグルト……200g
バター……20g
オリーブオイル……小さじ2
ピザ用チーズ……約160g

強力粉、薄力粉、砂糖、ドライイースト、塩をダマにならないよう、よく混ぜておく。

ヨーグルト、バター、オリーブオイルを耐熱ボウルに入れて、
ラップをかけて1分30秒レンジで加熱し、
その後スプーンなどでバターが溶けるまでよく混ぜる。

このヨーグルト液を、粉が入ったボウルにだーっと入れてこねる。

どうこねても生地がうまくまとまらないときは、薄力粉（分量外）を少しずつ足してみる。

生地が手につかなくなったらひとつに丸めて、
耐熱ボウルに入れ、ラップをかける。

レンジの発酵モードまたは40～45℃で30～45分ぐらい生地を発酵させる。

目安は生地が1・5倍にふくらむくらい。

発酵した生地を半分にし、クッキングペーパー2枚で生地をはさんで丸くのばす。

（バターチキンカレーに使ったカットトマトが入っていたトマト缶でのばすとよい）

ピザ用チーズ約80gを真ん中にのせて包み、またのばす。

これをもう1枚作る。

生地をフライパンに入れて蓋をし、中弱火で3～4分、
ひっくり返して1～2分焼いたら出来上がり。

生地は、最初はべたべたねばつくけど
混ぜているうちにまとまるはずなので
それを信じて混ぜ続ける。

シロさんの
One Point

ステーキサラダ

● 材料〈2人分〉

牛モモステーキ肉……1枚
サニーレタス……適量
紫玉ネギ……適量
インゲン……適量
万能ネギ……適量
塩……少々
コショウ……少々
牛脂……1個

〈ソース〉

焼き肉のタレ……大さじ4
酒……大さじ2
酢……大さじ2

（ステーキ肉は調理の30分前に室温に置いておく）
サニーレタスは洗ってひと口大にちぎる。
紫玉ネギは薄くスライスして水にさらし、水気を切る。
インゲンは茹でて3等分に切り、万能ネギはざく切りにしておく。
それらを見栄えよく皿に盛り付ける。
ステーキ肉に塩、コショウをふる。
熱したフライパンに牛脂を入れ、ステーキ肉を焼く。
動かさずに両面強火で30秒、
弱火にして1分ずつ焼いたらアルミホイルに包んで休ませる。
肉を焼いたフライパンに焼き肉のタレ、酒、
酢を入れて軽く煮詰めてソースを作る。
切った肉を野菜の上に盛り付けて、上からソースをかける。

肉はアルミホイルに包んで
2～3分休ませると
よりジューシーになる。

シロさんの
One Point

原作でふり返る料理エピソード

成り行きで、ケンジの誕生日プレゼントを、本人からのリクエストなしで考えることになったシロさんは大弱り。必死に頭を働かせ、お揃いのエプロンをプレゼント。そしてステーキサラダなど、ケンジ好みの素敵なメニューでお祝い。（19巻・＃152）

たこときのこのトマト煮込み

玉ネギを薄切り、ニンニクをみじん切り、茹でだこはブツ切りにする。
しめじは小房に分け、マッシュルームは石突きと汚れを取り、薄切りにする。
鍋を火にかけ、玉ネギとニンニクをオリーブオイルで炒めたところに、
たことマッシュルーム、しめじを入れる。
さらにカットトマト、赤ワイン、味噌、砂糖、赤とうがらしを入れて弱火で煮込む。
１時間ほど煮て汁がとろりと煮つまったら、塩、コショウで味を調整する。
粉チーズとみじん切りのパセリをふって完成！

● 材料〈2人分〉

茹でだこ……200g	オリーブオイル……適量	赤とうがらし……1本
マッシュルーム……1パック	カットトマト缶……1/2缶	塩……適量
しめじ……1パック	赤ワイン……100cc	コショウ……適量
玉ネギ……1/4個	味噌……大さじ1/2	粉チーズ……適量
ニンニク……1片	砂糖……少々	パセリ……適量

ガーリックトースト

バターを耐熱皿に入れ、電子レンジで20秒加熱する。

溶けたバターにオリーブオイル、ニンニク、塩、コショウ、パセリのみじん切りを混ぜておく。

4ツ割りにしたバゲット8切れにバターを塗ったら、トースターでこんがり焼き色がつくまで焼く。

● 材 料〈2人分〉

バゲット……1/2本
バター……10g
オリーブオイル……大さじ3
おろしニンニク（チューブ）……小さじ1
塩……小さじ1/4
コショウ……少々
パセリ……少々

かぼちゃの冷製スープ

玉ネギは薄切りに、かぼちゃは皮をむき、厚さ5ミリくらいの薄切りにする。

鍋にバターを入れて火にかけ、玉ネギを加えて弱火でじっくり炒める。

さらにかぼちゃを加え、油がまわるまでしっかり炒めたら、薄力粉を入れて粉気がなくなるまで炒める。

水、コンソメキューブ、コショウを加え、かぼちゃが柔らかくなるまでしばらく煮る。ヘラで簡単に割れるくらいかぼちゃが完全に煮上がったら、火を止めて粗熱を取っておく。

粗熱が取れたら、かぼちゃを煮汁ごとフードプロセッサーにかけてなめらかにする。さらに牛乳を加えてもう一度攪拌《かくはん》し、塩で味を調えて冷蔵庫で冷やす。

仕上げに生クリームをたらし、パセリのみじん切りをふって出来上がり。

● 材 料〈2人分〉

かぼちゃ……100g
玉ネギ……1/4個
バター……10g
薄力粉……小さじ1強
水……150cc
コンソメキューブ……1/2個
コショウ……少々
牛乳……100cc
塩……適量
生クリーム……適量
パセリ……適量

江戸前風ばらちらし

すし飯用に、水少なめ、酒とだし昆布を入れて米を炊く。

ごはんをボウルに移したら、酢、砂糖、塩を合わせたすし酢を加えて、切るように飯と酢を混ぜてすし飯にする。

卵焼きはサイコロ（約1・5センチ角）に切っておく。

マグロのヅケを作る。醤油、酒、みりんを一度煮立てて、冷ましておく。冷ました調味液にお好みでわさびを入れ、マグロを漬けたら、1時間〜1時間30分で一度上下を返して2〜3時間で完成。サイコロに切っておく。

海老のうま煮を作る。だしと醤油、酒、みりんを煮立てて殻を剥いた海老を加え、海老の色が変わったら火を止めてそのまま冷ます。冷めたら小さく切っておく。

煮あなごは四角く切り、アボカドは角切りにして、レモン汁をかけておく。

すし飯を大きな皿の上になるべく薄く平らに盛り付けて、まず煮あなごをのせ、マグロのヅケ、卵焼き、アボカド、海老と順々にすし飯の上にのせていく。

最後にいくらの醤油漬けをきれいにトッピングしたら、ばらちらしの出来上がり。

● 材料〈2人分〉

〈すし飯〉
米……1合
酒……少々
だし昆布……5㎝
酢……大さじ2
砂糖……大さじ 1/2
塩……小さじ 1/2

〈マグロのヅケ〉
マグロのさく……100g
醤油……大さじ1
酒……大さじ1
みりん……大さじ1
わさび……適宜

〈海老のうま煮〉
海老……中くらいから大きめの海老5〜6尾
だし……200cc
醤油……小さじ2
酒……小さじ2
みりん……小さじ2

卵焼き……適量
煮あなご（焼きあなご、うなぎのかば焼きでも）……1本（100g）
アボカド……1/2個
レモン汁……適量
いくらの醤油漬け……30g

原作でふり返る料理エピソード

昨秋に50歳の誕生日を迎えたものの、50代に入ったことを受け入れたくないとお祝いを拒否していたケンジ。シロさんは自分の誕生日を控えて「お前の誕生日も一緒にやりたい」と言い、２人の誕生会の献立でよい案を思いつく。（13巻・＃101）

…ああ！
ならアレだわ！誕生会の定番メニュー！アレをちょっと豪華にしますか！
うんうんケンジの誕生会でもあるわけだからアレでいこう！

シロさんの
One Point

マグロのヅケを2〜3時間以上冷蔵庫に入れる場合は調味液から取り出して冷蔵保存。

とり天とアボカドの天ぷら

10～12等分にカットした鶏ムネ肉に、酒、醤油、マヨネーズ、塩、ショウガを混ぜ合わせて、よく揉み込んでおく。漬け時間は最低30分、時間があれば一晩でも。

どろっと濃いめに溶いた天ぷら粉の衣を付けて180℃の油で揚げる。

入れて3分、返して2分。きつね色になったらとり天の出来上がり。

アボカドを4等分のくし形に切って、とり天の残りの衣を付けて揚げる。

アボカドの天ぷらにはレモン塩、とり天にはお好みで柚子胡椒をつけていただく。

● 材料〈2人分〉

鶏ムネ肉……1枚
アボカド……1/2個
酒……大さじ1
醤油……大さじ1
マヨネーズ……大さじ1
塩……小さじ1/2
おろしショウガ（チューブ）……3cm
天ぷら粉……適量
サラダ油……適量
レモン……適量
塩……適量
柚子胡椒……適宜

はまぐりの潮汁

（はまぐりは、前日から砂抜きしておく）
砂抜きしたはまぐりを鍋に入れ、
水から火にかける。
沸いてきたらアクを丁寧に取る。
貝の口が開いたら塩で味を補って、
火を止める。
最後に三ツ葉をあしらう。

● 材料〈2人分〉

はまぐり……4個
塩……適量
三ツ葉……適量

菜の花のゴマからし和え

菜の花は熱湯でさっと茹でて冷水に取り、
長さを4等分に切る。
ボウルに醤油、砂糖、和風だしの素、
和がらしを合わせてよくなじませておく。
水気をよくしぼった菜の花と調味料を合わせ、
白すりゴマを入れて味見して、
足りなければ醤油や砂糖で味を調えて完成。

● 材料〈2人分〉

菜の花……1束
醤油……大さじ1
砂糖……大さじ1
和風だしの素……少々
和がらし……たっぷり
白すりゴマ……適量
※季節の野菜で代用できます。

かれいの煮つけ

ショウガは薄切りにする。
かれいは皮に十字の切り目を入れる。
フライパンに湯を沸かし、
かれいをさっとくぐらせて水気をよく拭き取っておく。
深めのフライパンに水、酒、みりん、醤油、砂糖、
あればだし昆布を入れて火にかける。
すぐに汁が沸騰してくるので、
そこにかれいをまるっと入れて、
中火で 15 分、落とし蓋をして煮ていく。
ショウガは煮上がる 5 分前に加えた方が
苦みが出ずに香りがよい。
最後はおたまで煮汁を何度も身にかけてやって、
ちゃんと面倒を見てやること。

● 材 料〈2人分〉

真がれい……分厚い2切れ（腹部分）
ショウガ……1片
水……1/2 カップ
酒……大さじ3
みりん……大さじ2
醤油……大さじ2
砂糖……大さじ1
だし昆布……適宜

煮汁は味見して
ちょっと甘めでちょっとうすめくらいの
味加減があとでちょうどよい。

シロさんの
One Point

原作でふり返る料理エピソード

食費を2万5000円から3万円に上げたシロさん。その分、ケンジの身体のためにも週3回目標で魚のメニューを作ろうと決める。スーパーで分厚い真がれいの切り身を見つけ、ちょっとお高いがそれで煮魚を作ろうと決意。（11 巻・＃85）

Shiro's Recipe

ポテトサラダ

玉ネギとキュウリを薄切りにして、それぞれ塩をなじませ、10 分くらい置いておく。
ハムは放射状に 12 等分しておく。
ジャガイモは 2 センチ角に切って、フッ素樹脂加工の鍋に入れ、
ひたひたの水で塩は入れずに粉ふきいもにする。
ボウルに下味用の鶏ガラスープの素、酢、砂糖、コショウを合わせておき、
そこにかるく洗って水気をきつくしぼった玉ネギを入れる。
完全に水気を飛ばした粉ふきいもを玉ネギの入ったボウルに入れて、
ジャガイモと玉ネギがよくからんだら、マヨネーズを入れる。
さらに水気をよくしぼったキュウリとハムも加えて、お好みで黒コショウ少々をふれば完成。

● 材 料〈2人分×2日〉

ジャガイモ…… 中４個
玉ネギ……1/2個
キュウリ……１本
ハム……４枚

塩……玉ネギとキュウリに
小さじ1/4ずつ
マヨネーズ……適量
黒コショウ……少々

〈下味用〉
鶏ガラスープの素……小さじ２
酢……大さじ１
砂糖……小さじ１
コショウ……少々

オクラのおかか炒め

オクラは洗ってヘタを落とし、
半分に切る。
フライパンに油を熱してオクラを炒め、
醤油とかつおぶしで味をつける。

● 材料〈2人分〉

オクラ……2袋
かつおぶし……適量
油……少々
醤油……適量

豆腐とわかめとネギの味噌汁

鍋に湯を沸かす。
水で戻したわかめをよく洗い、
水気を切ったらざく切りにして
椀に入れておく。
鍋に豆腐を入れ、再沸騰したら、
だしの素を入れる。
味噌を溶いて、わかめの入った
椀によそい、青ネギを散らす。

● 材料〈2人分〉

豆腐……1/4丁
塩蔵わかめ……20g
青ネギ……適量
だしの素……少々
味噌……適量

常夜鍋

（朝のうちに、水を張った鍋に昆布を入れておく）

ホウレン草をさっと茹でる。葉の色が冴えた緑色になったらすぐに水に取って、適当な長さに切ったら水気をしぼって皿に盛る。豚バラ肉、油揚げはひと口大に切り、しめじは小房に分けて皿に盛っておく。

鍋から昆布を取り出し、そこに酒を入れてニンニクを放り込んだら、煮切ってアルコールを飛ばす。

次にタレを作る。おろしポン酢だれは万能ネギを小口切りにし、大根をおろし、味付けポン酢と一味を加える。ネギゴマだれは長ネギをみじん切りにし、白練りゴマ、醤油、酢、砂糖、おろしショウガ、お好みでラー油と混ぜる。

卓上のクッキングヒーターで鍋つゆを沸かし、しめじと油揚げを入れ、次にホウレン草、最後に豚バラ肉を入れる。肉が煮えたら野菜と一緒に、好きなタレにつけて食べる。

● 材料〈2人分〉

豚バラ薄切り肉……200g	昆布……1枚（5×10㎝）
ホウレン草……1束	水……500cc
しめじ……1/2パック	酒……500cc
油揚げ……1〜2枚	ニンニク……1片

シロさんの
One Point

常夜鍋の具は
レタスとななめ薄切りの長ネギを
足しても大変おいしい。
レタスは2人分で1/2玉ぐらい。
〆のラーメンは、
味噌味でなくてもおいしいので
お好みで。

原作でふり返る料理エピソード

年明け、両親と老人ホームの見学後に帰宅したシロさんは常夜鍋の支度にとりかかる。旬のホウレン草の甘みや豚バラ肉の脂の旨みをたっぷり楽しんだあとは、ラーメンで〆。ケの日の鍋ながら、満足度の高い夕食に。（15巻・＃120）

〈ネギゴマだれ〉
長ネギ……10㎝
白練りゴマ……大さじ1
醤油……大さじ2
酢……大さじ2
砂糖……小さじ2
おろしショウガ（チューブ）……3㎝
ラー油……お好みで

〈おろしポン酢だれ〉
万能ネギ……適量
大根……適量
味付けポン酢……適量
一味……適量

〆の味噌ラーメン

汁の残った鍋の中に、生麺を入れる。
白い泡とアクがいっぱい出るので、
丁寧にすくう。
付属のスープを1袋入れて、味見する。
万能ネギをパラリとのせていただく。

● 材 料〈2人分〉

生ラーメン（味噌味）……2人前
万能ネギ……適量

明太ひじき

ひじきは30分浸水させたら、沸騰したお湯で5分弱火で茹で、すすぎ洗う。
ニンジンの千切りをゴマ油で炒めて、
十分に火が通ったところで
ひじきも入れる。
ひじきに油がまわったら、明太子をほぐしながら入れ、明太子に火が通ったら出来上がり。
味を見て、醤油で調整する。

● 材 料〈2人分〉

ひじき……20g
明太子……1/2腹
ニンジン……1/2本
ゴマ油……適量
醤油……少々

豚の角煮

● 材料〈作りやすい分量〉

豚バラブロック……1kg
ショウガ……1片
長ネギの青い部分……2本分
醤油……大さじ8
酒……大さじ8
砂糖……大さじ8
白髪ネギ（飾り用）……適量
からし……適量

大きめに切った豚バラブロックと薄切りにしたショウガ、長ネギの青い部分を鍋に入れ、そこにたっぷりの水を注ぎ火にかける。

煮立ったら、アクを取りつつ弱火にして1時間半ほどゆっくり煮て、火を止める。

煮ている間は、茹で汁から肉が頭を出さないよう常に水を足し続けること。

肉が茹で上がったら、キッチンペーパーなどで肉の水気をよく取る。

茹で汁を3カップ分すくい出して別の鍋に入れ、醤油、酒、砂糖を加える。

そこに肉を入れて火にかける。

煮立ったら落とし蓋をして弱火で煮て、30分たったら火を止める。

食べる前にもう一度、弱火で15分ほど静かに煮たら出来上がり。

肉が崩れやすいのでスプーンと箸でそっと盛り付けて、白髪ネギとからしを添える。

原作でふり返る料理エピソード

元日の昼、小日向家に集まってニューイヤーパーティー。シロさんはケンジと一緒に食べようと思っていたお手製の黒豆と、昨日のうちに仕込んでおいた豚の角煮を、手土産代わりに持参する。（14巻・＃109）

シロさんの
One Point

調味料をたっぷり使って
多めの煮汁にすると
肉がしっとりする。

ひじきとツナのトマト煮

ひじきを水に20分ほど浸して戻している間に、
薄切りにした玉ネギをオリーブオイルでくたっとするまで炒める。
玉ネギが炒まったら、タカノツメの輪切りとニンニクのみじん切りを加えて、
さらに香りが立つまで炒める。
水気を切ったひじきとツナ缶をオイルごと、大豆の蒸し煮缶、コーン缶、
ざく切りにしたトマトを鍋に入れ、トマトが煮崩れるまで炒める。
酒、水、コショウ、コンソメキューブを入れ、
汁気がなくなるまで弱火で煮たら出来上がり。

● 材料〈10人分〉

ひじき……30g
玉ネギ……1個
タカノツメ……2～3本
ニンニク……1/2片
ツナ缶……1缶
大豆の蒸し煮缶……1缶
コーン缶(小)……1缶
トマト……2個
オリーブオイル……適量
酒……少々
水……100cc
コショウ……適量
コンソメキューブ……1個

ピーマンの焼きびたし

ピーマンを半割りにして種を抜き、
240℃のオーブントースターで、7～8分焼く。
ショウガのすりおろしと白だしを水で割っただしに、
一晩浸す。
翌日、汁気を切り、かつおぶしをまぶす。

● 材料〈4人分〉

ピーマン……5個
ショウガのすりおろし……少々
白だし……適宜
水……適量
かつおぶし……適量

原作でふり返る料理エピソード

週末、小日向さんの会社の草野球をワタルと一緒に観戦することになったシロさんとケンジ。せっかくだからと、シロさんはお弁当を手作り。白いタッパーにアルミホイルの仕切り、茶色っぽいメニューという飾り気のなさに、ワタルは呆れ顔。(6巻・#43)

じゃことゴボウのまぜごはんのおにぎり

ゴボウはささがきにする。
めんつゆに少し水を足して、ちりめんじゃことゴボウを煮る。
残った煮汁ごとごはんと混ぜて、握る。

● 材料〈4人分〉

ごはん……2合
ちりめんじゃこ……適量
ゴボウ……1/3本
めんつゆ……適量
水……適量

ウインナー炒め

ウインナーは2等分する。
フライパンにサラダ油をひき、
ウインナーを炒める。

● 材料〈4人分〉

ウインナー……6本
サラダ油……適量

リコッタチーズのパンケーキ

● 材料〈4人分〉

リコッタチーズ……260g
卵……4個
牛乳……180cc
小麦粉……60g
ベーキングパウダー……小さじ1
塩……ほんの少々
バター（焼く用）……適量

〈ハニーコームバター〉
バター……大さじ4
はちみつ……大さじ4

バナナ……適量
ブルーベリー……適量
マンゴー……適量
キウイ……適量
レモン汁……適量
生クリーム（脂肪分35%）……200cc
砂糖……大さじ2

粉砂糖……適宜
メープルシロップ……適宜
チョコソース……適宜
黒みつ……適宜

まずハニーコームバターの準備。常温でもどしたバターとはちみつをよく混ぜて、冷蔵庫で冷やしておく。
バナナはなめ薄切りにして、変色を防ぐためにレモン汁をかけておく。
ブルーベリー、マンゴー、キウイなどフルーツはトッピング出来るように
それぞれ皮をむいたりスライスしたりして、冷蔵庫で冷やしておく。
生クリームは砂糖を入れて、角が立つまで泡立てておく。
生地を作る。卵は白身と黄身を分ける。大きめのボウルに卵黄と牛乳を入れ、よく混ぜ合わせる。
そこにリコッタチーズを入れてやさしく混ぜる。
ふるった小麦粉、ベーキングパウダー、塩を入れてさらに混ぜる。（ここで混ぜすぎないのがポイント）
卵白は別のボウルに入れ、ハンドミキサーでしばらく低速で泡立ててから高速にして、
角が立つまでかたく泡立てる。
泡立てた卵白を2回に分けて、切るように生地に混ぜ入れる。（ここも混ぜすぎない！）
ホットプレートを１４０℃に温めたら、そこにバターを適量ひいて、
小さいおたま1杯分の生地をプレートに4つ落とし、2～3分ほど焼いてひっくり返す。
裏面も同じように2～3分焼いたら皿に盛る。
まわりにフルーツを飾ってハニーコームバターをのせたら出来上がり。
お好みで粉砂糖で化粧したり、メープルシロップをたらしたり、
チョコソースや黒みつなどで自分好みのトッピングを。

生地に砂糖は全く入らない。
小麦粉が少ないので
口の中で生地が
シュワッとなくなる感覚で
ホットケーキより
とても軽い。

シロさんの
One Point

原作でふり返る料理エピソード

シロさんが買ったホットプレートで、まずパンケーキをやりたいケンジ。シロさんがベーキングパウダーを買い渋るのを見て、ワタルたちをお誘い。パンケーキパーティー当日、ワタルの要望で、リコッタチーズのパンケーキを作ることに。（10巻・＃76）

カツ丼

● 材料〈1人分〉

トンカツ(特上ロースカツ)……1枚
玉ネギ……小1/2個
めんつゆ……40cc
水……60cc
卵……2個
冷凍ごはん……2膳分

玉ネギを縦に薄切りにする。

トンカツをアルミホイルにのせ、オーブントースターのフライ温めモードで温めておく。

小さいフライパンに、薄切りにした玉ネギとめんつゆ、水を入れて火にかける。

汁が煮立ったら弱火で2〜3分煮る。

卵を溶いておく。

カツが温まったら、ひと口大に切る。

煮汁にカツを投入し、溶き卵を半量入れたら、火を少し強める。

卵が半分くらい固まってきたら、残りの卵液を回しかける。

この間に冷凍ごはんをレンジで温め、どんぶり内でほぐしておく。

卵のとろみが残っているぐらいで火を止めて、どんぶりのごはんによそう。

原作でふり返る料理エピソード

シロさんは、両親のお墓を見に行くために外出。1人での夕食のメニューを考えていたケンジの目に、ショーケースの特上ロースカツが映る。カツも卵もごはんもたっぷりの、贅沢カツ丼を満喫。(14巻・＃110)

卵を溶くとき
あまり混ぜすぎない。

ケンジの
One Point

鍋焼きうどん
（ケンジ的フルスペックバージョン）

● 材料〈2人分〉

海老天……2本
茹でたホウレン草……1/2束
三ツ葉……少々
長ネギ……1/2本
しいたけ…2個
かまぼこ……4切れ
鶏モモ肉……1/2枚
卵……2個
水……適量
酒……少々
白だし……適量
めんつゆ……適量
うどん玉（冷凍）……2玉
七味……お好みで

ホウレン草と三ツ葉は5センチくらいに切っておく。

長ネギはななめ切り、しいたけには十字の切り目を入れる。鶏モモ肉はひと口大に切る。

土鍋に水を入れて火にかけ、酒、白だしとめんつゆを半々ぐらいの割合で適当に入れて、
おつゆが沸騰するまでちょっと待つ。

沸騰したらまずは鶏モモ肉を入れて、次にしいたけ、そして冷凍のうどん玉を入れる。

長ネギ、ホウレン草、残りの具材を全部のっけていき、卵も2個割り入れる。

卵にほどよく火が通ったら出来上がり。

あとで具材とうどんを入れるので、
おつゆはちょい濃いめで。
海老天のカリッと感を大事にしたい方は
食べる直前に海老天をのせて。

ケンジの
One Point

原作でふり返る料理エピソード

シロさんから、急な飲み会で夕飯が作れなくなったとケンジに連絡が。ケンジが具とおつゆの準備を終えたところで、シロさんが帰宅。ほとんど食べていないというシロさんと2人で、鍋焼きうどんをすする。（20巻・＃156）

のり弁

のり弁の土台

おかかふりかけを作る。
かつおぶし、醤油、酒、みりん、砂糖、
白炒りゴマをフライパンに入れて、
中弱火で焦げないようにさっと水分を飛ばしたら
出来上がり。
のり１枚分は乾いた手で小さくちぎっておいて、
もう１枚はキッチンばさみで８分割しておく。
１段目のごはんをお弁当箱の 1/3 くらいの
高さまで広げ入れて、
その上におかかふりかけを 1/4 ずつのせ、
さらにちぎったのりも 1/4 ずつのせる。
その上に同量のごはんをのせ、
同じように残りのおかかふりかけとちぎりののりを
全部のっける。
最後に、切ったのりの片面に薄く醤油（分量外）
をつけて並べていく。

● 材 料〈２人分〉

もち麦ごはん（米ともち麦を半分ずつ）
……360ｇ
かつおぶし……9ｇ
醤油……大さじ１
酒……大さじ１
みりん……大さじ１
砂糖……小さじ１
白炒りゴマ……小さじ１
のり……全型２枚

ちくわの磯辺焼き

ちくわを縦割りにする。
天ぷら粉または小麦粉、水、青のり、
塩を入れて混ぜた衣をちくわにからめる。
フライパンにギリギリちくわが
浸るくらいのサラダ油を熱して、
中弱火で揚げ焼きする。

● 材 料〈２人分〉

ちくわ……２本
天ぷら粉または小麦粉……大さじ１強
水……大さじ１
青のり……小さじ１
塩……ひとつまみ
サラダ油……適量

ウインナーとピーマン炒め

ウインナーにはななめに切り目を入れておく。
ピーマンは縦に細切り。
磯辺焼きで余った油を使い
ピーマンとウインナーを炒め、
塩、コショウとうまみ調味料で
味付けする。

● 材料〈2人分〉

ウインナー……４本
ピーマン……２個
塩……少々
コショウ……少々
うまみ調味料……少々

原作でふり返る料理エピソード

ケンジからの誕生日プレゼントで、わっぱのお弁当箱をもらったシロさん。使い始めのお弁当は自分が作ると意気込むケンジをちょっと心配するシロさんだったが、蓋を開ければまるでお手本のようなのり弁！（19巻・＃145）

きんぴらゴボウ

ゴボウとニンジンは薄く切って千切りにし、
輪切りにしたタカノツメとゴマ油で炒める。
酒、めんつゆ、砂糖で味付けをして炒り付け、
白炒りゴマをふったら出来上がり。

● 材料〈2人分〉

ゴボウ……1本
ニンジン……1本
タカノツメ……1本
ゴマ油……適量
酒……適量
めんつゆ……適量
砂糖……少々
白炒りゴマ……少々

金目鯛の姿蒸し

うろこと内臓を取った金目鯛の身に4～5ヵ所切り目を入れて、軽く塩をして15分置く。

蒸し器に長ネギの青い部分を敷き、金目鯛をその上にのせる。

身の上には針ショウガをたっぷりのせて強火で 20 分ほど蒸す。
※蒸し器に入りきらない場合は、頭を切り落として一緒に蒸す。
蒸し上がったら長ネギを取り除いて皿に盛る。

ボウルに残った魚の蒸し汁、醤油、砂糖、酢、オイスターソースを入れてタレを作る。

タレを魚にかけて、白髪ネギを 1 本分どっさりのせる。

ゴマ油を煙が出るまでカンカンに熱して、魚にかける。

その上に青ネギを散らして完成。

● 材 料〈4人分〉

金目鯛……1 尾（尾頭付き）
長ネギ……5～6 本
（煮る用：青い部分4～5本、白髪ネギ用：1本）
ショウガ……1 片
塩……少々
ゴマ油……大さじ 2
青ネギ…適量

〈タレ〉
魚の蒸し汁……100cc
醤油……大さじ 3
砂糖……大さじ 1 1/2
酢……小さじ 2
オイスターソース……小さじ 2

原作でふり返る料理エピソード

ワタルに誘われ、小日向さん家での食事会に“盛装”で訪れたシロさんとケンジ。小日向が腕を振るい、豪華な食材を惜しげもなく使った料理の数々を囲みつつ、久しぶりの 4 人での食事とおしゃべりを楽しんだ。（18 巻・＃ 141）

中華風コーンスープ 小日向さんち風

鍋にクリームコーン、帆立て貝柱の水煮、鶏ムネ肉の茹で汁、片栗粉を入れ、かき混ぜながら中火でひと煮立ちさせる。

スープにとろみがついたら、塩とコショウで味を調える。

強火にして沸いているところに、溶いた卵を細く流し入れ、ひと呼吸おいてからかき混ぜる。

火を止めて生クリームを入れ、完成。

● 材料〈4人分〉

クリームコーン缶……1缶
帆立て貝柱の水煮缶……1缶
鶏ムネ肉の茹で汁……800cc
片栗粉……大さじ1 1/2
卵…1個
塩……少々
コショウ……少々
生クリーム……大さじ2

小日向さんの
One Point

バンバンジー用に茹でた鶏ムネ肉の茹で汁に水を足して800ccにする。

バンバンジーサラダ

鶏ムネ肉に砂糖を揉み込む。続けて塩も揉み込み、10分ほど置いてなじませる。

小鍋に水、長ネギの青い部分、薄切りにしたショウガを入れ、強火でひと煮立ちさせる。

鶏ムネ肉を小鍋に入れて強火のまま再沸騰させ、数十秒茹でる。火を止めて蓋をし、そのまま冷まして余熱で火を通す。

キュウリは細い千切りに、トマトは薄くスライスする。

長ネギはみじん切りにする。

ボウルに白練りゴマ、醤油、酢を入れて溶きのばし、砂糖、長ネギ、おろしショウガ、ラー油を入れて混ぜ、タレを作る。

お皿にトマト、キュウリを並べ、その上にほぐした蒸し鶏をのせ、タレをかけて完成。

● 材料〈4人分〉

鶏ムネ肉……1枚
砂糖……大さじ1/2
塩……大さじ1/2
水……1L
長ネギの青い部分……1本分
ショウガ……1片
トマト……小さめ4個
キュウリ……1本

〈タレ〉
長ネギ……10㎝
白練りゴマ……大さじ1
醤油……大さじ2
酢……大さじ2
砂糖……小さじ2
おろしショウガ（チューブ）……3㎝
ラー油……少々

ステーキチャーハン

● 材料〈2～3人分〉

牛モモステーキ肉……250g
ごはん……軽め4膳分
ニンニク……1片
牛脂……適量
バター……1かけ
醤油……少々
塩……少々
コショウ……少々
黒コショウ……適量
ガーリックチップ……お好みで

ひと口サイズに切った牛モモステーキ肉はしっかりめに塩コショウしておく。

フライパンに牛脂を入れ、粗みじんにしたニンニクと共に焼く。焼き加減はレアに。

そのフライパンにバターを足して、ごはんを入れる。

ごはんがパラパラになったら、醤油で味を調える。仕上げに黒コショウを振り、好みでガーリックチップをのせる。

原作でふり返る料理エピソード

小日向の料理を堪能したところで、シロさんとケンジの鼻をくすぐるいい匂いが。小日向さんが〆に作っていたのは、コクとボリュームたっぷりのチャーハン！　適度な罪悪感にまみれつつ、みんなで完食。（18巻・＃141）

夏の終わり天ぷら

アスパラガスは2等分に。ズッキーニは長さを半分に切り、縦に4〜6等分に切る。

ナスはへたを落とし、縦半分に切る。

ミョウガは縦半分に切り、トウモロコシは包丁で身をこそげておく。

アジは尾びれを切り、開いた身の間に大葉を5枚くらいたっぷり挟んでおく。

水で溶いた天ぷら粉につけて、アスパラ、ミョウガ、ナス、ズッキーニを揚げていく。

170℃くらいの中温で、とにかく衣がパリッと完全にかたく揚がるまでちゃんと待つ。

トウモロコシはあらかじめ天ぷら粉をまぶし、さらに水で溶いた天ぷら粉をつけ、
スプーンを使って鍋に落とし、かき揚げにする。

最初は火を弱めて低温から揚げ始め、中温に戻す。

かき揚げは中まで衣がつまっているので、表裏各3分ずつとりわけじっくり揚げる。

最後にアジを片面2分ずつ揚げる（アジの大きさにより、揚げ時間を調整する）。

大皿に盛り付け、天つゆ&大根おろしか塩&レモンでいただく。

● 材料〈4人分〉

グリーンアスパラガス……1束
ミョウガ……1パック
ナス……3本
ズッキーニ……1本
トウモロコシ……1本
アジ（アジフライ用）……5尾
大葉……25枚
天ぷら粉……適量

大根（大根おろし用）……適量
天つゆ……適量
塩……適量
レモン……適量

佳代子さんの
One Point

中温というのは
衣を菜箸の先でポンと入れると
少し沈んでから
浮き上がってくるくらいの温度。

原作でふり返る料理エピソード

ケンジと佳代子さんがスーパーで遭遇したのをきっかけに、富永家に招かれたシロさんとケンジ。2人を迎えるべく、佳代子さんが張り切って準備したごちそうは、シロさんが作ったことのないメニューばかり！（16巻・＃127）

たこめし

茹でだこを薄切りにし、
ショウガは千切りにしておく。
炊飯器に研いだ米、たこ、醤油、酒、
だしの素を入れて炊飯。
仕上げにショウガの千切りを混ぜ込んで
出来上がり。

● 材料〈4人分〉

米……2合
茹でだこ……150g
醤油……大さじ1
酒……大さじ2
だしの素……適量
ショウガ……2片

しじみの味噌汁

しじみは殻が少し出るくらいの量の水につけ、
暗所に一晩置いて砂抜きをし、よく洗う。
鍋に水を入れて火にかけ、
沸騰したらしじみを入れ、
口が開いたら味噌を溶き入れて火を止める。

● 材 料〈4人分〉

しじみ……200g　味噌……大さじ3
水……800cc

わかめとキュウリの酢のもの

キュウリはスライサーで薄切りにして、
塩小さじ 1/2 を加えて揉み込む。
10分ほど置いて流水で洗い、水気をしぼる。
わかめは水でもどし、
水気を切る。
ボウルに砂糖と酢を入れて混ぜる。
別のボウルにキュウリとわかめ、
砂糖と酢を混ぜたものを入れて和える。
塩で味を調え、器に盛り付けて完成。

● 材 料〈4人分〉

キュウリ……2本　塩…適量
わかめ(乾燥)……4g
砂糖……小さじ4
酢……大さじ2

ブロッコリー入りカルボナーラ

● 材料〈2人分〉

パスタ……200g
ブロッコリー……1/2株
ニンニク……1片
ベーコン……5枚
オリーブオイル……適量
卵黄……4個分
粉チーズ……大さじ3
生クリーム……1/2パック(100cc)
砂糖……小さじ1
塩……適量
コンソメ顆粒
(なければ鶏ガラスープの素でも)……小さじ1/2
黒コショウ……たっぷり

大きな鍋にお湯をたっぷり沸かす。

ニンニクは木べらなどでつぶして、ベーコンは大きめに切る。

フライパンにオリーブオイルとベーコンとニンニクを入れて、弱火でじっくり炒める。

ニンニクを焦がさないように気を付けて、ベーコンの脂が充分出るまで炒めたら火を止める。

卵黄をボウルに入れ、そこに粉チーズと生クリーム、砂糖を加えたらよく混ぜて、ソースを作っておく。

お湯が沸いたら、2Lに対して塩大さじ1 1/2くらい入れて、パスタを茹でる。

小房に分けておいたブロッコリーを、パスタの茹で上がり2分前に、パスタを茹でている鍋に投入。

1分経ったら、パスタとブロッコリーを両方いっぺんにザルに取る。
※表示時間よりも1分短く茹でる
ベーコンの入ったフライパンを熱し、パスタとブロッコリーを投入。コンソメ顆粒をぱらぱらっと入れて味見する。

パスタと具に味がからんだところで、卵黄と生クリームのソースが入ったボウルに入れてよく和える。

仕上げに黒コショウをたっぷりかける。

タブチ君の
One Point

同じ量の生クリームに対して
卵黄3個分でも大丈夫。
卵黄4個分に対して、
あと50ccクリームを増やすと
250～300gのパスタにも対応できます。
ブロッコリーの代わりに
小松菜や茹でたホウレン草を使っても。

原作でふり返る料理エピソード

タブチの彼女、千波は料理の手際はいいものの、味付けが微妙。ある日のランチ、目当ての店でカルボナーラを食べ損ねたタブチは、家で自作。彼の満足しきった笑顔に腹を立て、千波は出て行ってしまう。(9巻・＃70)

番外編

Chinami's Recipe

パウンド型で焼く フィナンシェ

薄力粉、アーモンドパウダー、ベーキングパウダーは合わせてふるっておく。

バターを鍋に入れ、薄い茶色になるまで弱火にかけて焦がしバターにする。

焦がすと細かいチリが出てくるが、そのままで平気。

ボウルに卵白と塩を入れ、卵白のこしを切るように溶きほぐす。

そこに砂糖、はちみつ、バニラオイルを入れて、もったり白っぽくなるまで卵白とすり混ぜる。

ふるっておいた粉を入れて、粉っぽさがなくなるまで混ぜ合わせる。

混ざったら生地に焦がしバターを、糸をたらすようにすこーしずつ入れながらよく混ぜる。

オーブンを２２０℃に予熱。生地をアルミのパウンド型に流し入れて、
軽くトントンとして生地の中の空気を抜く。

２２０℃で５分焼いた後、１８０℃で20分、さらに１６０℃に下げて10分焼く。

竹串や箸を刺して、生地がくっついてこなければ焼き上がり。

● 材料〈パウンド型２台分〉

薄力粉……70g
アーモンドパウダー……80g
ベーキングパウダー……小さじ 1/4
無塩バター……110g
卵白……３個分
塩……小さじ 1/4

砂糖……120g
はちみつ……大さじ１(20g)
バニラオイル……少々

パウンド型……２台(長さ12.5×幅 6.3×高さ4.5㎝を使用)

バターたっぷりの生地だから、
粗熱が取れたところで
ナイフを生地と型のすき間に
少し入れてやれば、
簡単に型から外せます。

千波の
One Point

原作でふり返る料理エピソード

タブチはケンジからのアドバイスを受け、千波にお菓子作りを勧めてみる。自分には無理だと逃げ腰な千波だが、タブチにレシピを読み上げてもらいながらそのとおりに作ると、ちゃんとおいしいフィナンシェが完成し、2人は感激！（14巻・＃108）

DRAMA STAFF

原　作：よしながふみ『きのう何食べた？』（講談社「モーニング」連載中）
脚　本：安達奈緒子
監　督：中江和仁　松本佳奈　平田大輔
チーフプロデューサー：祖父江里奈（テレビ東京）
プロデューサー：阿部真士（テレビ東京）
佐藤　敦　瀬戸麻理子
企画監修：神田祐介
制　作：テレビ東京　avex pictures

BOOK STAFF

構　成／石井美由紀
取材・文／木下千寿
デザイン／門田耕侍
〈料理レシピ〉
監修・コーディネート／山﨑慎也（石森スタジオ）
写　真／奇　世濬（石森スタジオ）
〈ドラマガイド〉
写　真／山﨑みを
山口宏之（P22～33）
企画協力／よしながふみ
モーニング編集部

公式《こうしき》ガイド＆レシピ
きのう何《なに》食《た》べた？ ～シロさんの簡単《かんたん》レシピ3～

2023年10月25日　第1刷発行

講談社《こうだんしゃ》・編

発行者　森田浩章
発行所　株式会社講談社
〒112-8001　東京都文京区音羽2-12-21
電話　編集03-5395-3474
販売03-5395-3608
業務03-5395-3603（落丁本・乱丁本はこちらへ）

KODANSHA

印刷・製本所　大日本印刷株式会社

Printed in Japan　ISBN978-4-06-531200-1　N.D.C.778　95p 26cm